W0390304

Cette histoire a été écrite au cours de l'année scolaire 2016-2017 par la classe de CP-CE1 de Mme Amélie Lécaille, à l'école Jules Ferry 2 de Montreuil (93).
Avec la contribution d'Amaya, Basile, Candyce, Ibtissem, Joseph, Kadiatou, Livia, Lorenzo, Louise, Louis-Victor, Lucien, Milo, Naël, Nihat, Rachel, Rafael, Roushni, Sacha, Sarah, Thanina, Victor, Viggo, Vincent et Yasmine.

Le concours Lire égaux est organisé avec le soutien
- de la Délégation régionale aux Droits des Femmes et à l'Égalité d'Île-de-France,
- de la Direction régionale de la Jeunesse, des Sports et de la Cohésion sociale d'Île-de-France,
- des Directions des services départementaux de l'Éducation nationale des académies de Paris, Créteil et Versailles,

et avec l'appui des chargées de mission départementales aux Droits des Femmes et à l'Égalité.

PRÉFET DE LA RÉGION D'ILE-DE-FRANCE

Conception graphique : Alice Nussbaum
Photogravure : RVB Éditions – Montrouge

© Talents Hauts, 2018
ISBN : 978-2-36266-237-9
Loi n° 49-956 du 16 juillet 1949 sur les publications destinées à la jeunesse
Dépôt légal : juin 2018
Achevé d'imprimer en République tchèque par PBtisk.

Les haïkus de Leira

ÉCRIT PAR LA CLASSE GAGNANTE DU CONCOURS LIRE ÉGAUX 2017

ILLUSTRÉ PAR VIOLAINE COSTA

talents hauts

Leira habite à Chiyokawa, un village à l'est du Japon. Elle est orpheline depuis le tsunami. La grande vague a tout emporté sur son passage, la laissant seule face à son destin.

Un beau soleil
Mon père dans l'océan
La grande vague

Depuis, Leira vit dans une famille très gentille, qui s'occupe bien d'elle. Elle va à l'école et aime beaucoup son professeur de poésie.

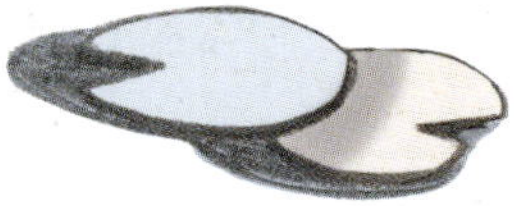

Leira est passionnée par les haïkus. Elle adore ces petits poèmes qui lui rappellent sa maman. Elle a un rêve : être *haijin*, être une poétesse.

Rêve de poésie
Amour de l'écriture
Souvenir d'enfant

Malheureusement, Leira ne connaît pas de femmes poétesses. Dans ses livres, les haïkus sont toujours écrits par des hommes. Pourra-t-elle réaliser son rêve ? Comment fera-t-elle pour devenir *haijin* ? Toutes ces questions trottent dans sa tête.

Un jour, à l'école, le professeur de poésie demande aux élèves de faire un exposé sur le métier de leur rêve. Leira choisit les *haijins*.

Rêve de danseur
Expression interdite
Combat sans merci

Une fois rentrée chez elle, elle fait des recherches sur les poètes japonais et découvre qu'une femme, Chiyo-ni, a réussi à devenir une *haijin* très connue.

Le liseron
A mis ses doigts sur le seau de mon puits
Je dois aller emprunter de l'eau au voisin
(Chiyo-ni)

Leira est ravie de sa trouvaille et cela lui donne beaucoup d'espoir. Une femme peut être une grande poétesse, son rêve est possible. Elle continuera d'écrire de beaux haïkus.

Le lendemain, elle présente son exposé à ses camarades. Les élèves sont très surpris de son choix et beaucoup se moquent : *haijin*, ce n’est pas un travail pour une femme.

Le professeur demande à Leira de lire un de ses poèmes.

Grand saule du jardin
Arbre de mes souvenirs
Tombe en pleurant

À ce moment-là, toute la classe arrête de rire.
Ses camarades sont émerveillés par la beauté de son poème.
En découvrant le talent de Leira, ils l'encouragent
à publier ses poèmes dans le journal de l'école.

Son professeur lui conseille de continuer.
Elle doit aller au bout de ses rêves et le fait d'être une fille n'a pas d'importance.

Amour des livres
Réelle imagination
Émotion sincère

Leira est très heureuse d'avoir maintenant un public et des lecteurs et lectrices. Elle sait qu'elle est capable de devenir *haijin* et elle se battra pour que les femmes puissent aller au bout de leurs rêves.

Bien des années plus tard, le professeur de poésie reçoit dans sa boîte aux lettres un bien joli recueil de haïkus dont l'autrice n'est autre que Leira.

Un jour de printemps
Papillon naît sur une fleur
Pétales dorés